NOTICE HISTORIQUE

SUR M. LEDRU,

PAR M. L'ABBÉ LABOUDERIE.

EXTRAIT
DU DIXIÈME VOLUME DES ANTIQUAIRES.

PARIS.
IMPRIMERIE DE E. DUVERGER,
RUE DE VERNEUIL, N. 4.
1833.

NOTICE HISTORIQUE

SUR M. LEDRU,

PAR M. L'ABBÉ LABOUDERIE.

Jacques-Philippe Ledru naquit à Paris le 1er mai 1754; son père Nicolas-Philippe Ledru, généralement connu sous le nom de *Comus*, dirigea ses premiers pas dans les sciences qu'il avait cultivées lui-même avec tant de succès.

Ledru étudia la médecine et fut reçu docteur à la Faculté de Paris. Plus tard, lorsqu'il fut connu dans le monde savant, et par de graves études et par son expérience, il devint membre de l'Académie de Médecine. Une violente passion de savoir tout ce qui se rapportait à l'honorable profession qu'il avait embrassée et d'en pénétrer les mystères, ne lui permit pas de négliger une seule des parties qui pouvaient en accroître le domaine et l'influence. La botanique, la chimie, la physique expérimentale, la géographie, la mécanique, les mathématiques furent tour à tour ou simultanément les objets favoris de ses occupations, et servirent d'aliment à son avide curiosité. Il s'y livra de toutes ses forces, et s'y distingua par des progrès éclatans.

Comus appliquait l'électricité aux affections nerveuses et y réussissait. En 1782, la faculté de médecine nomma une commission de sept membres pour examiner les traitemens qu'il employait sur ses malades. Le résultat de cet examen, consigné dans un rapport, fut si avantageux, qu'il lui valut, ainsi qu'à son fils, le titre de *physicien du Roi*. Ils dirigèrent ensemble l'établissement qu'ils avaient formé au couvent des Célestins, jusqu'en 1790. A cette époque, découragé par un nouvel ordre de choses qu'il n'approuvait pas, et peut-être appesanti par son âge avancé et par des travaux opiniâtres, *Comus* se retira à la campagne et laissa l'établissement à son fils qui, lui-même, le transféra, quelques années après, dans une maison de la rue Neuve-Saint-Paul.

Au commencement de ce siècle, M. Ledru entra dans l'administration et devint successivement officier municipal, adjoint à la mairie du neuvième arrondissement de Paris, maire de Fontenay-aux-Roses, suppléant du juge de paix du canton de Sceaux. Il crut devoir servir tous les gouvernemens qui se sont succédés avec tant de rapidité et qui l'ont tous employés. Ce n'est pas qu'il ne sût les apprécier à leur juste valeur; mais il avait un dévouement sans bornes pour son pays, il pensait qu'il fallait le servir, quels que fussent ceux qui le régissaient, et ce principe sacré contribua beaucoup à couvrir à ses yeux les vices dont leur origine pouvait être entachée.

En entrant dans la carrière administrative, il se pénétra tellement de l'obligation de remplir consciencieusement les fonctions dont il consentait à se charger, qu'il ne s'occupa plus que d'acquérir l'instruction qui lui était nécessaire. Il se rendit si habile dans l'intelligence de nos codes et de nos meilleurs ouvrages politiques qu'il étonnait quelquefois les administrateurs les plus consommés et les plus profonds jurisconsultes. C'eût été peu pour lui, s'il n'avait tiré de ses connaissances administratives et judiciaires des moyens de faire le bien avec plus de promptitude et de solidité. J'oserai dire que c'était là son unique but. Il ne vivait, il ne respirait que pour obliger ses administrés; il avait obtenu parmi eux tout l'ascendant d'un père, et pouvait à son gré leur imposer ses volontés. Il jouissait d'assez de crédit auprès du gouvernement pour les servir efficacement. Son rôle variait au besoin : avec eux, il réprimandait, il menaçait, il était sévère comme la loi ; auprès de l'autorité supérieure, il intercédait, il excusait, il avait l'indulgence d'un patron.

M. Ledru habitait à Fontenay-aux-Roses la charmante maison où, sous le règne de Louis XIV, le poète Scarron, disent MM. Dulaure et Delort, *attirait, par sa gaîté et par ses plaisanteries, les personnes les plus aimables et les plus ingénieuses de la cour.* Notre confrère tenait un peu de la gaîté de son devancier, et s'il n'attirait pas les courtisans par ses plaisanteries, les personnes les plus instruites de la capitale se plaisaient à l'entendre raconter des anecdotes piquantes, et à respirer un air pur et suave à l'ombre de ses charmilles et dans son magnifique jardin, dont il faisait les honneurs en amateur éclairé et en homme de bonne compagnie.

C'est dans cette agréable solitude qu'il nourrissait son esprit de la lecture des anciens, et qu'il savourait les prémices de toutes les nouveautés littéraires qui naissent sans culture dans notre heureux climat, et qu'on lui apportait très exactement à leur première apparition.

Philosophant tranquillement dans une honnête abondance et dans les délices de l'intimité, éloigné du monde et de ses tempêtes, exempt de crainte comme d'ambition, il a vu avec la sérénité d'un sage les approches de la mort, et s'est résigné doucement à ses coups. Il est décédé le 10 novembre 1832.

Plusieurs sociétés savantes l'avaient admis dans leur sein. La Société des Antiquaires de France le comptait aussi, depuis quelques années, parmi ses membres résidans. Il possédait une précieuse collection d'antiquités, de beaux tableaux, une bibliothèque nombreuse et choisie ; il savait beaucoup, mais plus soigneux d'amasser des richesses scientifiques que d'en faire parade, il ne pouvait se décider à recueillir ses pensées, à leur donner de l'ordre, à les livrer à l'impression. On l'aurait soupçonné, d'après de fausses apparences, de jouir en égoïste du fruit de ses veilles, si l'égoïsme avait pu s'allier avec la générosité de son caractère, la facilité de son commerce et l'obligeance de ses communications. Combien de fois ne l'ai-je pas pressé de composer quelque *mémoire*, quelque *dissertation*, et de payer à la Société des Antiquaires le tribut de son savoir !

Nous verrons, me répondait-il.... *j'y penserai.... je vous le promets...* Et voilà que la tombe, en se refermant sur sa dépouille mortelle, a englouti mes espérances, et nous a frustrés des importantes réflexions que lui avaient nécessairement inspirées ou fournies ses relations très étendues, ses lectures multipliées, ses méditations suivies, et tout ce qu'il avait vu durant sa longue existence.

Au moins, s'il meurt tout entier comme savant, il ne mourra pas tout entier comme bienfaiteur de l'humanité. Sa mémoire vivra long-temps dans le pays qu'il a administré avec tant de désintéressement, de zèle et de loyauté. Son tombeau, élevé au milieu de ses concitoyens, ne sera pas le seul objet qui leur rappelle le souvenir de sa personne; ils trouveront dans le bien qu'il leur a fait, dans les services qu'il leur a rendus, de plus puissans motifs de ne l'oublier jamais et de perpétuer leur reconnaissance.

Nous aevions, ne répondit-il,......... [?] regardé
le soin le prouver... On voit que le comble, en se
rabattant sur sa dépouille mortelle, a caché aux
espérances, et vous, à l'avenir, des faits et cales réflexions que lui auraient suggérés, avant d'expirer, ses
honnêtes sur religieux total de plus, ses lectures
multipliées, ses méditations loisives, et tout ce qu'il
avait vu durant sa longue existence.

Au moins, s'il meurt toucat-il, comme avant, il
ne mourra pas tout entier: chacun bien laisser de lui
une image. Ilabita le ...... vivait longtemps dans le pays
qu'il a admi.........é avec tant de désintéressement, de
zèle et de loyauté. Son tombeau, élevé au milieu de
ses concitoyens, n'est-il pas le seul objet qui tour
rappelle le souvenir de sa personne? Ils trouveront
dans le bien qu'il a a fait, dans les services qu'il
leur a rendus, de plus puissants motifs de ne l'oublier
jamais et de pa ponner leurs connaissance.

SÉANCE PUBLIQUE

DE L'ACADÉMIE NATIONALE DE METZ,

DU 20 MAI 1849.

DISCOURS

DE M. EMM. MICHEL, PRÉSIDENT.

(Extrait des Mémoires de l'Académie nationale de Metz.)

MESSIEURS,

L'industrie départementale vient d'étaler ses pompes et ses magnificences. La foule s'est pressée dans les salons de l'hôtel de ville, pour admirer ses utiles et élégants produits ; les ingénieux et habiles fabricants de la Moselle recevront aujourd'hui des palmes et des couronnes. Ce n'est pas à nous qu'est réservé le soin de signaler tout ce qu'il y a de génie et de perfectionnement dans leur fabrication. Permettez-nous seulement de vous entretenir de ce qu'était autrefois l'industrie messine. Nous vous la montrerons telle qu'elle existait, il y a cinq cents ans, lorsque la ville de Metz était dans toute la splendeur de sa constitution républicaine.

Au quatorzième siècle, la noble cité de Metz, car c'est

ainsi qu'elle aimait à s'appeler, était tout à la fois industrielle et guerrière. C'était la Venise continentale du moyen-âge. Entourée de voisins jaloux et puissants, elle avait à protéger son indépendance contre leurs attaques; tous ses habitants étaient soldats, et ses richesses lui permettaient en outre d'entretenir des troupes de soldoyeurs pour sa défense. Centre ancien d'activité et d'intelligence, elle portait au loin les produits de son commerce et de son industrie, fréquentait les foires de Bruges et de Francfort, et voyait dans ses murs des marchands de toutes les contrées de l'Europe, venir échanger leurs monnaies. Cette seule industrie occupait soixante changeurs, ayant leurs *étaux* ou comptoirs dans une grande halle (1), à laquelle conduisait une rue qui a conservé le nom de rue du Change.

Chaque industrie formait un corps particulier qui avait ses réglements et ses prérogatives. Tous les artisans étaient divisés en corporations, qui déléguaient sept de leurs membres pour les représenter, et que l'on appelait les *maitre et six* de chaque état.

Parmi les plus importantes de ces corporations, était celle des ouvriers travaillant les métaux; elle comprenait les maréchaux, les taillandiers, les serruriers et les cloutiers (2). Des forges existaient autour de Metz, et même l'une d'elles était établie dans l'île du Saulcy, qui bien des siècles plus tard fut couvertes d'élégantes constructions et devint la place de la Comédie. Aucun lieu particulier n'était affecté dans la cité messine à l'établissement des ouvriers en fer. Les uns occupaient les environs de l'église de Sainte-Ségolène; ils ont donné leur nom à la place des Maréchaux. D'autres façonnaient le fer à la place aux Febvres; les fabricants de clous affectionnaient la rue à laquelle ils ont laissé leur nom; quelques autres avaient leurs ateliers au Champ-à-Seille, où la caserne Coislin est maintenant établie.

Le commerce et la fabrique des draps ont existé à Metz

dès les temps les plus reculés ; on y fabriquait, il y a près de deux mille ans, des draps pour les troupes, des tissus de poils de chèvre et de grossières étoffes appelées *cilicia*. Cette fabrication s'était développée sous la république messine. Les drapiers ou *leniers* formaient une corporation nombreuse ; elle ne se confondait pas avec celle des foulonniers, qui formaient un corps à part. C'était dans les moulins de la ville que l'on allait fouler les draps. Cette séparation entre les drapiers et les foulonniers atteste assez l'importance qu'avait cette fabrication dans nos murs (3).

La corporation des tailleurs et des couturières jouissait d'une grande considération. Les couturières cependant ne s'étaient pas encore, à cette époque, élevées au haut degré d'importance et d'influence morale et politique qu'elles ont atteint aujourd'hui. Les couturières étaient simplement des ouvrières en linge. C'étaient les tailleurs qui avaient le monopole de façonner les habits des hommes et des femmes (4). Que l'on ne s'en étonne pas trop ! Il n'y a pas plus de cent ans, on distinguait encore à Metz les tailleurs pour hommes et les tailleurs pour femmes. De nos jours même, dans une grande partie de l'Allemagne, les tailleurs sont encore en possession du droit d'habiller le beau sexe. Les dames messines au quatorzième siècle employaient pour leurs vêtements de forts tissus de laine ou de lin, et dans les jours d'apparat elles portaient des robes de drap d'or ou d'argent, toutes étoffes compactes et solides que les mains robustes des hommes seuls étaient capables de façonner. Elles ne connaissaient guère ces tissus aériens (5) qui peut-être ne protègent pas plus nos dames d'aujourd'hui contre les intempéries des saisons, que les ailes diaphanes du papillon ne le défendent contre les tristes froids de l'hiver. Les dames messines du quatorzième siècle ne portaient pas non plus ces armatures que l'on admire dans les vitrines de nos fabricantes de corsets, de ces fabricantes ingénieuses et recherchées qui essaient même, dans leurs œuvres fantastiques, de surpasser les contours naturels et grâcieux de la Vénus du Capitole. Les belles dames d'aujourd'hui plaindront sans doute les dames d'autrefois. Quant à nous, en parlant des habitudes anciennes, nous n'avons pas besoin d'attaquer les modes et les inventions nouvelles ; que Dieu nous en garde ! nous sommes bien loin de partager la colère d'un certain médecin allemand contre l'usage du corset (6). Cet insolent médicastre n'a-t-il pas osé dire que les femmes qui avaient contracté l'habitude de porter cette cuirasse de soie ou de lin, ne l'avaient pas plus tôt quittée, qu'elles ressemblaient à ces mauvais couteaux de poche qui se courbent et se replient sur eux-mêmes ? Nous ne dirons donc pas de mal ni des corsets ni des étoffes légères, ces bienfaits de l'industrie inconnus aux dames messines du quatorzième siècle. Nous respectons ces produits industriels qui font vivre maintenant des dentistes, des orthopédistes, des médecins, et même des bouquetières, chargées de tresser de blanches couronnes pour décorer la tombe des jeunes filles.

Au quatorzième siècle, les cristaux étaient presque inconnus, et la verroterie commune n'existait pas. Les riches citains de Metz buvaient dans des gobelets d'étain ou dans des coupes d'argent et de vermeil. Les moins fortunés se servaient de gobelets en terre fabriqués à Cologne. Ces petits vases étaient appelés *criques* (7) ; c'est de là que, par dérision, les lorrains appelaient les messins des *criquelins*. Quoi qu'il en soit, les vins des coteaux de la Moselle n'en étaient pas moins bons. Cependant on n'avait pas encore perfectionné, comme de nos jours, l'art de fumer les vignobles et de mélanger scientifiquement le jus de la treille. On surveillait avec rigidité la plantation et la culture des vignes, qui faisaient presque toute la richesse territoriale de la république messine ; on arrachait impitoyablement les plants de mauvaise espèce, ce qui eut lieu notamment en l'année 1338.

Un atour de l'année 1360 (on appelait *atours* les décrets de la république), accordait de grandes franchises à ceux qui, par terre ou par eau, venaient enlever des vins de Metz. La corporation des meutiers, tonneliers et chauvretours (8), c'est-à-dire des fabricants de muids, de tonneaux et de charraux, était nécessairement puissante, en raison même du commerce considérable auquel leur industrie se rattachait.

Le temps ne change point les hommes, il modifie seulement leurs mœurs et leurs habitudes. Les musiciens messins du quatorzième siècle étaient excessivement glorieux ; la confrérie des ménétriers ne se contentait pas d'avoir, comme les autres corporations, un *maître* à sa tête, il lui fallait un roi. Le roi des violons était un personnage important ; il dirigeait la bande d'instrumentistes destinée à accompagner le maître-échevin et son conseil dans les solennités publiques (9).

Les barbiers surtout avaient la prétention de tenir le haut-bout de l'échelle ; ils maniaient à la fois le rasoir et la lancette ; ils n'étaient pas encore séparés des chirurgiens. Des *étuveurs mâles et femelles*, pour parler le langage des vieilles chroniques, composaient également une confrérie. L'usage des bains était alors général dans la population. Ces habitudes hygiéniques se sont perdues (10).

Pour encourager le commerce et l'industrie, l'évêque Herimann, à la fin du onzième siècle, avait établi dans la cité messine des marchés francs ou foires. De grands privilèges étaient accordés aux marchands qui les fréquentaient. L'abbaye de Saint-Arnould, située hors des murs, en avait aussi établi dans son faubourg, sous sa protection ; mais les marchands, et surtout les bouchers et les chandeliers payaient aux religieux une redevance en nature, appelée le droit de *la haquenée* (11), à cause du singulier mode de sa perception. Certain jour de l'année, un jeune religieux couvert d'un superbe manteau et enfourchant à rebours une haquenée, c'est-à-dire une petite jument, venait à Metz faire sa perception de boutique en boutique, tout en tenant l'animal par la queue. Les percepteurs de nos jours ne sont plus aussi divertissants.

La noble cité de Metz, riche et puissante par son commerce et son industrie, était toujours appuyée sur la garde de son épée; elle était prête à la tirer pour défendre son indépendance et pour soutenir bravement sa devise: *Être ou n'être pas* (12); devise pleine de fierté, qui se traduisait dans ses armoiries, par son écu blanc et noir.

Les armes à feu, qui ont exercé une si grande influence sur les destinées du monde, étaient déjà connues. Metz avait des couleuvrines, des serpentines et des bombardes. Mais les ouvriers occupés à ces nouvelles armes de guerre, étaient peu nombreux.

Les armuriers messins, à cette époque déjà si loin de nous, se divisaient encore en deux grandes classes. Les *haubourjours* façonnaient les armes défensives, telles que les cuirasses; ils tiraient leur nom du mot *haubert* (cotte de mailles), l'une des parties nécessaires de l'armure. On appelait *forbixours* ou fourbisseurs d'épées, ceux qui fabriquaient les dagues ou autres armes offensives que tout citoyen portait dans ses voyages, à la chasse et à la guerre. Il y avait en outre des faiseurs d'arcs d'acier et des fabricants d'arbalètes. Les archers et les arbalétriers étaient terribles dans les combats, et l'on se servait avec une grande adresse de la flèche, pour atteindre les bêtes sauvages ou le nombreux gibier que recélaient les vastes forêts de la contrée Mosellane.

A défaut d'imprimeurs, on avait des calligraphes; mais c'est dans le fond des cloîtres, sous les solitaires abris des monastères, que l'on rencontrait les calligraphes les plus fameux (13).

Les selliers, les ciriers, les lanterniers et souffletiers, les potiers d'étain et les autres artisans, formaient des corporations distinctes. Celle des bouchers était nombreuse ; la rue de la Vieille-Boucherie était son quartier-général. Les tanneurs, dont les produits avaient déjà de la réputation, étaient établis sur les bords de la Seille, où nous les voyons encore aujourd'hui. Des fabricants de piques, des huiliers, des parmentiers ou passementiers, des charrons se groupaient dans des lieux qui portent encore leurs noms (14).

Au-dessus de toutes ces corporations, il en existait deux autres, où les arts et les sciences avaient leur sanctuaire. Les orfèvres, ayant des rapports intimes avec les changeurs et les ouvriers monétaires de la cité, tenaient leurs hôtels ou comptoirs dans la rue Fournirue. C'est dans leurs ateliers que l'or et l'argent se fondaient, s'épuraient, se façonnaient, sous les mille caprices du dessin, en vases et en coupes ciselés pour les princes, en bracelets et en couronnes pour les dames, en calices et en ostensoires pour les églises, en ornements variés pour les splendides armures des guerriers. L'autre corporation était celle des maçons ; elle comprenait les architectes et les sculpteurs en pierre. Son origine remontait mystérieusement à l'époque où l'art chrétien commença à élever dans toute l'Europe ces magnifiques cathédrales, œuvres monumentales d'une foi ardente et d'une luxuriante imagination. Cette confrérie des maçons a traversé les siècles ; elle a déposé ses marteaux et ses truelles, tout en en conservant les images, pour arriver jusqu'à nous sous le nom symbolique de la franc-maçonnerie, et rendre encore hommage au grand architecte de l'univers.

C'est ainsi que les artistes, les artisans et les ouvriers messins étaient organisés au quatorzième siècle. Cette organisation par corporations appartient à un temps bien différent du nôtre ; elle suffisait alors aux besoins de l'époque. La bonne qualité des produits industriels était garantie ;

l'honnêteté des fabricants était sauvegardée par une active et rigide surveillance ; mais, il faut le dire, cette surveillance même, en éteignant tout esprit de concurrence déloyale et désastreuse, enchaînait souvent le génie d'invention et de perfectionnement. Cette organisation assurait, du reste, l'indépendance de tous ceux qui étaient membres des diverses corporations. L'homme puissant, dans ces temps d'humeur violente et habituelle, aurait pu tyranniser le simple artisan abandonné à ses propres forces ; mais la corporation était là pour le défendre, et l'équilibre se maintenait, en ne permettant pas à l'oppression de s'établir. Cependant, même à cet égard, ces corporations avaient, dans le principe de leur organisation, un grand vice : elles pouvaient devenir oppressives à l'égard de leurs membres, par l'abus des pouvoirs absolus qu'elles possédaient. Un décret de la république messine, en date du 27 mars 1382, voulut apporter un remède à ces abus tyranniques ; dans l'intérêt *des poures gens de mestier* (15), c'est-à-dire des pauvres artisans, elle enleva à toutes les corporations des droits de juridiction trop étendus, et les restitua aux Treize, qui étaient des magistrats indépendants, choisis et institués pour rendre la justice à tous, au nom de la république.

Les corps de métiers formaient des compagnies que l'on peut comparer à la garde nationale d'aujourd'hui. Metz était entourée d'une double enceinte de murailles crénelées et défendues par un grand nombre de tours (16) ; ces tours étaient confiées à l'entretien et à la garde des différentes corporations ; pendant la paix, chaque corps d'état fournissait aux frais de réparation de la tour qui portait son nom, et en temps de guerre, lorsque le cri d'alarme retentissait dans la cité, les artisans se réunissant par professions, se rendaient aux postes qu'ils avaient à défendre. Il y avait les tours des vignerons, des maréchaux, des chandeliers de suif, des chandeliers de cire, des pêcheurs, des merciers, des cordonniers, et des autres artisans. Cette organisation défensive était bien différente de celle de nos jours.

Les tours et les murailles, les portes même de la ville, qui étaient des châteaux forts dont on voit encore des vestiges à la porte des Allemands, et surtout les nombreux clochers des églises et des monastères donnaient à la cité messine un aspect pittoresque, tout autre que celui qu'elle présente aujourd'hui. L'intérieur de la ville ressemblait bien peu à ce qui est maintenant. Les rues étaient pavées (17), mais tortueuses et étroites : les maisons avec leurs balcons et leurs tourelles, leurs toits triangulaires et leurs entrées ogivales, avec leurs corps de cheminées en saillie sur la façade et leurs croisées bizarrement découpées, étaient serrées les unes contre les autres. Le Champ-à-Seille, entouré d'habitations à arcades, offrait seulement une large esplanade.

Dans une riante matinée du printemps, lorsque les cloches des couvents et des paroisses sonnaient l'angelus, il était beau cependant de voir la ville industrielle du moyen-âge se réveiller. Les châtelains des portes faisaient rentrer dans leurs coulisses les herses qui barraient le passage; les vignerons sortaient en foule pour se répandre sur les coteaux voisins; les soldoyeurs à cheval et les pèlerins en sandales se croisaient dans les rues avec les porteurs d'eau; les marchands ouvraient leurs comptoirs; les médecins diligents, montés sur des ânes, allaient visiter leurs malades, et les artisans aux vêtements bariolés se dirigeaient gaiment vers leurs travaux. Metz prenait tout-à-coup l'aspect d'une vaste ruche où bourdonnait et s'agitait une population belliqueuse et commerçante (18).

Messieurs, nous avons essayé de vous retracer d'une manière fidèle l'état de l'industrie à Metz, il y a cinq cents ans. Qu'il nous soit permis, en terminant, d'exprimer un vœu qui part de notre cœur. Puisse dans cinq cents ans encore, lorsque la poussière des âges aura roulé sur la génération actuelle, puisse la ville de Metz être toujours libre et prospère! Puisse alors une voix amie, mais plus éloquente que la nôtre, ne pas dédaigner les temps passés et accorder un souvenir aux industriels messins du dix-neuvième siècle!

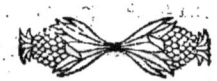

NOTES.

(1) .... *dans une grande halle.*
La grande halle contenant soixante étaux de changeurs fut démolie en 1406.

(2) .... *les serruriers et les cloutiers.*
Voir le Recueil des édits, etc., par M. Emmery, tome 1er, pages 711 et suivantes.

(3) .... *cette fabrication dans nos murs.*
En 1356, des sauf-conduits furent accordés à ceux qui viendraient acheter des draps à Metz.
En 1371, quatre *ewardeurs* ou commissaires furent nommés pour veiller à la fabrication des draps.
On peut consulter relativement aux drapiers le Recueil des édits, etc.; par M. Emmery. Tome 1er, pages 692, etc.
Le tome 2 contient plusieurs atours relativement aux métiers.

(4) .... *les habits des hommes et des femmes.*
Nous aurions désiré pouvoir transcrire le mémoire de quelque tailleur messin du quatorzième siècle. Le plus ancien que nous ayons trouvé date du commencement du dix-septième. A cette époque, un mémoire s'appelait *partie.* En voici un de *maître François Lochon, tailleur d'habits à Metz :*

« PARTIE POUR LES FILLES DE MADAME LA COMTESSE DE CRÉHANGE.
» Premier
» au huitième sep^{bre} 1635 faict trois robbes de taffetas frize avec
» de la grande dentelle de Flandre par tout avec de la petite par
» tout de pris faict et accordé avec ma dicte dame à onze testons
» pour chacune robbe pour les trois font . . XXXIII testons.

» Avoir fourni trois trosseplis à deux quarts d'escus piece ainsy
» accordé font six quarts d'escus icy.. . VIII testons VIII gros.,
» Plus avoir faict et fourny deux corps de cotte de quarenart
» pour toute fourniture et façon accorder à cinq testons et demi
» chacun corps icy . . . . XI testons.
» Item faict trois robbes d'estamine ouverte avec des plis par
» tout la piece de buscque et manchon de mesme facon de chacune
» robbe dix francs barrois qui font pour les trois. . . XXX testons.
» Avoir faict trois cottes d'estamine à dix huit gros piece
» font. . . . . V testons et demy.
» Plus avoir faict trois cottes et trois sougrelines de frize pour
» le deuil de monsieur le comte a huict testons chacun desd^{ts}
» habitz pour façon des trois font. . . . . . . XXIIII testons.
» Avoir faict trois petites cottes de frise facon des trois. . .
» . . . . IIII testons.
» Pour les deux damoiselles servantes avoir faict deux cottes
» et deux sougrelines de sarge de Chartres ouverte avec deux
» paires de manches et piece de buscque façon des deux ha-
» bits. XVIII testons.
» Pour la servante avoir faict une cotte et une sougreline de
» sarge d'Esdan facon. . . . . VI testons.
» Le tout monte à la somme de cent quarante deux testons
» lorrains. »

(Le teston lorrain valait environ soixante quinze centimes de la monnaie actuelle.)

(5) . . . . *ces tissus aériens.*

La gaze de soie en usage chez les anciens grecs avait été inventée à Céos, maintenant Zéa.

Les poètes, pour peindre sa transparence et sa finesse, l'appelaient du *vent tissu.*

(6) . . . . *contre l'usage du corset.*

Le docteur Vogel, l'un des médecins des eaux d'Ems, près Coblentz.

(7) . . . . *étaient appelés criques.*

Crique est le mot allemand *krug* (cruche) mal prononcé, comme les habitants allemands du département de la Moselle disent encore de nos jours *Fristick* pour *Frühstück* (déjeuné), en donnant généralement à l'*ü* la prononciation de l'*i*.

(8) .... *tonneliers et chauvretours*.
Voir le Recueil des édits, par M. Emmery, tome 3, page 119.

(9) .... *dans les solennités publiques*.
L'histoire du roi des violons serait curieuse. On voit dans les *Ordonnances d'Alsace* du président de Boüg que les princes ne dédaignaient pas cette dignité. Le prince de Birkenfeld était le roi des violons de la basse Alsace.

(10) .... *se sont perdues*.
Dans le quatorzième, le quinzième et le seizième siècles, il y avait à Metz une compagnie de barbiers qui saignaient et faisaient les autres opérations chirurgicales et une communauté d'étuvistes, hommes et femmes, chargés de l'administration des bains. En 1603, quelques barbiers un peu plus instruits que les autres se firent donner l'attribution exclusive de la chirurgie, par un réglement qui défendit au commun des barbiers de s'en mêler désormais, avant d'avoir subi un examen particulier. Telle est l'origine de la communauté des chirurgiens de Metz, qui cependant ne fit encore pendant longtemps qu'un seul et même corps avec les barbiers.

(11) .... *la haquenée*.
Un usage aussi ancien et aussi singulier existait encore à Metz au siècle dernier. Certain jour de l'année, le maire du village de Woippy, portant l'image du *graouilli*, parcourait les rues de la ville ; et les boulangers et pâtissiers mettaient dans la gueule du monstre un pain ou une brioche. Nous sommes bien disposés à rire maintenant de ce religieux de l'abbaye de Saint-Arnould, menant sa petite jument par la queue, ou du maire de Woippy se faisant donner des petits pâtés. Ces anciens usages avaient sans doute quelque chose de symbolique dont l'interprétation nous manque aujourd'hui : notre ignorance seule des motifs et de l'origine de ces usages séculaires nous les fait peut-être

paraître bien ridicules, et dans quelques centaines d'années, on rira aussi de beaucoup d'usages de nos jours.

(12) .... *être ou n'être pas.*
Cette devise était l'expression du dévouement et du patriotisme. Elle n'avait rien de commun avec cette exclamation du roi Hamlet, dans Schakspeare, *to be or not to be.* Ceci n'était qu'une imprécation de rage, d'impiété et de fureur.

(13) .... *les calligraphes les plus fameux.*
Maintenant, grâce à d'ingénieux et mobiles mécanismes que l'on porte dans son gousset, chacun peut, à tous les moments de sa vie, calculer comment elle s'écoule et voir, de seconde en seconde, se consommer et s'évanouir la faible portion de temps que la Providence a accordée à l'homme sur cette terre. Dans la plus grande partie du quatorzième siècle, l'horloge était inconnue à Metz. Ce ne fut qu'en 1371, qu'une horloge publique fut établie en cette ville, aux frais de la cité, et vint annoncer aux messins les révolutions du temps et les phases de la lune. C'est encore la même horloge qui existe aujourd'hui.

(14) .... *portent encore leur nom.*
Une industrie qui ne pouvait pas même être soupçonnée à Metz, au quatorzième siècle, a grandi de nos jours, et doit sans doute prendre du développement, c'est la fabrication et la vente, non-seulement du tabac, mais encore de tous les appareils fumigatoires et sternutatoires qui se rattachent intimement à la consommation du tabac lui-même. Cette plante, originaire de l'Amérique, ne commença à être connue en France que vers 1560. Elle eût ses antagonistes et ses panégyristes. Amurat IV, empereur des turcs, le czar de Russie et le roi de Perse en défendirent l'usage, sous peine d'avoir le nez coupé, ce qui était vraiment attaquer le mal dans ses racines. Un roi d'Angleterre a fait un traité contre le tabac, et un pape a excommunié ceux qui en prenaient dans les églises.

Le peuple du pays messin s'est d'abord fortement prononcé contre la culture et l'usage de cette plante exotique. En 1624, les messins firent des émeutes, à cause de la culture de cette plante étrangère à laquelle ils attribuaient la pluie et le mauvais temps. Un capitaine, nommé De la Hillière, fut obligé, pour réprimer ces séditions, de faire fouetter les perturbateurs par le bourreau, et par ces moyens persuasifs il parvint à pacifier le pays.

(15) .... *des poures gens de métier.*
Cet atour très-curieux du 27 mars 1382, est rapporté par M. Emmery, dans son Recueil des édits, tome 1er, page 273.

(16) .... *par un grand nombre de tours.*
On peut consulter à cet égard l'Histoire de Metz, par les bénédictins, tome 6, page 676.

(17) .... *les rues étaient pavées.*
Les maîtres des chemins et des paveurs étaient chargés de faire entretenir et réparer le pavé de la ville et les chemins des environs, et de faire, avec les commis des chemins, tous les abornements sur le ban des Treize de la justice.

(18) .... *une population belliqueuse et commerçante.*
Les affaires militaires de la République messine étaient confiées à sept citoyens que l'on appelait *Les sept de la guerre*, comme toutes les corporations d'artisans étaient représentées par sept de leurs membres, qui s'intitulaient *les maître et six.*

On avait, au quatorzième siècle, essayé de centraliser la surveillance sur toutes les industries; en 1336, on avait créé un *Grand maistre des mestiers:* cette institution fut supprimée la même année.

BOUTADE ARCHITECTONOGRAPHIQUE,

PAR M. EMM. MICHEL.

1845.

Le Grondeur :

Oui, je les sanglerai du fouet de la satire,
Qu'ils sentent à leur tour les douleurs du martyre
Qu'ils me font endurer. Maudits démolisseurs,
Maçons de toute espèce, ignorants constructeurs,
Je vous fustigerai !

L'Indifférent :

                Vraiment votre colère
N'est pas d'un bon chrétien ; un rien vous exaspère.

Le Grondeur :

Tout sait vous contenter. Vous mangez, vous buvez,
Et sans aucun souci gaîment vous digérez.
Quand les marchés sont pleins, quand le poisson abonde,
Pour vous tout est au mieux sur la machine ronde.
En voyant les chenils que dans Saint-Nicolas
On vient d'édifier, votre sang ne bout pas.
De la place du Fort les ignobles baraques,
Où bêtes et gens sont tassés comme en des caques,
Ne blessent pas vos yeux ; la plus belle moitié
De la ville est gâtée. Et puis pas de pitié

Pour ces pauvres chevaux qu'au rempart Serpenoise,
Dans un hangar humide et non couvert d'ardoise,
Grâce au long provisoire, on condamne à pourrir.
Cela ne saurait pas troubler votre loisir.
Vous êtes bon chrétien, moi je ne veux pas l'être.
Je veux gronder, pester, je veux rester le maître
De dire ma pensée et de crier tout haut :
Tel architecte ! eh bien, je le tiens pour un sot.

L'Indifférent :

Vous allez soulever une rumeur terrible.

Le Grondeur :

Mais je n'exige pas une chose impossible.
Je sais bien comme vous que les bons citoyens
Sont malheureusement bornés dans leurs moyens.
Si je disais aux gens : faites de belles filles,
Construisez-nous un peu quelques tailles gentilles ;
Ce serait trop vouloir. D'ailleurs je n'entends pas
Me mettre imprudemment les marchands sur les bras.
Je les respecte trop ; j'aime trop ma patrie
Pour aller entraver une honnête industrie.
Crinoline-oudinot, corsets et faux cheveux,
Tout cela doit se vendre et se placer au mieux.
Aujourd'hui vous pouvez, mon cher, être tranquille,
Je ne m'occupe pas des laideurs de la ville.

L'Indifférent :

Eh bien ! méchant frondeur, allez courir les champs.

Le Grondeur :

Oui, j'aime la nature. Aux brises du printemps
Je me plais à livrer ma course vagabonde.
Mais, hélas ! de nos jours l'architecture immonde
Détruit de tous côtés les monuments des arts,
Et de tristes débris afflige nos regards.

Il ne lui suffit pas d'entasser les décombres,
Dans l'église d'Olley de tourmenter les ombres,
Il lui faut doublement, profanant les autels,
Elever de son goût des témoins solennels.
D'architectes intrus, une impudente race
Fait adopter partout ses plans avec audace.
Tout tombe sous leurs coups, tout s'élève par eux.
Leurs ouvrages mesquins n'offrent plus à nos yeux ;
Que du goût et de l'art le hideux ossuaire.
Horribles massacreurs ! Si vous les laissez faire,
Ils s'attaqueront même à la voûte des cieux ;
Ils la démoliront pour la construire mieux.
Crébleu ! ces coquins-là, je voudrais les voir pendre.
De leur témérité que peut-on donc attendre ?
Du sublime, ma foi, l'église de Conflans,
De Volmunster aussi les ridicules plans !!
Mais c'est à Novéant que l'on voit leur chef-d'œuvre,
Triste construction d'un maladroit manœuvre.
Sur un côteau battu par les froids aquilons,
S'alignent bêtement des masses de moellons.
Près d'un grand pigeonnier où l'on suspend la cloche,
Un bâtiment bâtard sur ses piédestaux cloche.
Puis s'accole un hangar d'une affreuse lourdeur,
Que l'infâme architecte ose appeler un chœur.
Enfin, pour compléter cette œuvre de lumière,
Un ignoble appentis couronne le derrière.
Sacristi ! c'est trop fort. Irrité justement,
Le ciel paraît avoir maudit le monument.
Vainement protégé du nom de sanctuaire,
Il encourt chaque jour la céleste colère.
Le marguillier ne peut faire un signe de croix ;
Le chantre a beau bien boire, il perd souvent la voix ;
Les cerveaux enrhumés troublent toujours l'office ;
L'on n'entend dans les bancs qu'un sourd : Dieu vous bénisse.
Le diable se glissant sous les ailes des vents,
A plus d'une dévote inflige des tourments ;
Et le digne pasteur use en vain d'exorcismes,

Il voit ses paroissiens perclus de rhumatismes.
C'est bien fait, c'est justice. Ah! profitons du moins,
Des exemples frappants dont nous sommes témoins.
Evitons désormais des équitables plaintes,
Et réconcilions l'art avec les choses saintes.
Non loin de la cité, dans les féconds Sablons,
Ce classique terrain des choux et des melons,
Des chrétiens animés d'une ferveur antique,
Désirent élever une humble basilique ;
Artistes, apportez vos dessins et vos plans,
Vous trouverez ici des cœurs reconnaissants.
Hommes de goût, venez fournir pour votre offrande
Vos conseils éclairés. Votre influence est grande ;
Elle peut embellir de simples matériaux,
Surtout donner du charme à d'utiles travaux.
La veuve et l'orphelin ont versé leur obole ;
Riches, donnez beaucoup, car la sainte parole
A besoin d'un abri digne de sa grandeur.
Les gens pieux et de goût verront avec bonheur
S'inscrire alors au front du nouvel édifice :
   Notre-Dame consolatrice.

METZ. IMP. DE S. LAMORT.

www.ingramcontent.com/pod-product-compliance
Lightning Source LLC
Chambersburg PA
CBHW062003070426
42451CB00012BA/2566